LA NATION

OU

LA RACE HAITIENNE

PAR

F. D. LÉGITIME

PORT-AU-PRINCE

Imp. ATHANASE LAFOREST

Rue Courbe

1888.

LA NATION

OU

LA RACE HAITIENNE

PAR

F. D. LÉGITIME

PORT-AU-PRINCE

Imp. ATHANASE LAFOREST

Rue Courbe

1888.

AVERTISSEMENT.

Les quelques lignes qu'on va lire sont détachées d'un ouvrage encore inédit qui aura pour titre la « POLITIQUE HAITIENNE. »

Le pays traverse des évènements qui m'obligent, quoique à regret, de déflorer l'ouvrage que je préférerais livrer au public dans toute son intégrité.

Mais puisque le moment nous impose tous les sacrifices, fidèle serviteur de la Patrie, je lui apporte mon offrande.

Que les Honorables Constituants à qui le peuple délègue momentanément l'exercice de sa souveraineté, et à qui je dédie cet opuscule, veuillent bien lui accorder leur plus sérieuse attention.

S'il existait des législateurs qui voulussent écrire ou décréter un pacte social sans s'appuyer sur l'autorité de l'histoire, ils seraient d'avance condamnés à produire une œuvre sans valeur.

Le 10 Août de cette année, un Chef d'État est tombé du pouvoir à la suite d'une double prise d'armes.

Est-ce là une révolution, dans la haute acception du terme ou bien n'y a-t-il qu'un citoyen de moins dans le Pays ?

La chute du Général Salomon est non-seulement la conséquence d'une administration inconsciente, mais surtout le résultat fatal de toutes nos turpitudes politiques.

Depuis quatre-vingts ans, nous n'avons su que remplacer les hommes sans jamais chercher à changer, à améliorer, la situation économique et sociale du Peuple.

Donc, la vraie révolution, qui en réalité ne s'est pas effectuée, s'impose plus que jamais aujourd'hui à notre patriotisme.

F. D. LÉGITIME.

26 Septembre 1888.

INTRODUCTION.

(Suite)

.   .   .   .

.   .   .   .

Les Africains importés en Haïti vécurent plus de deux siècles dans un humiliant esclavage ; mais, au jour marqué par la Providence, ils rompirent leurs chaînes et se proclamèrent légitimement peuple libre et indépendant. Cette situation, ils l'avaient payée de leurs larmes et de leur sang.

L'œuvre était colossale ; elle devait, en s'édifiant, broyer malheureusement plus d'une existence. Parmi les plus illustres victimes, on compte, le libérateur lui-même et ses vaillants précurseurs: Toussaint Louverture, au Fort de Joux, Beauvais, dans les flots de l'Océan, rendirent leur belle âme à Dieu, tandis que Rigaud était interné en France.

Et Sylla, notre intrépide Sylla, Charles Belair, Sans-Souci, Lamour Dérance et tant d'autres chefs de légions, furent méconnus, immolés. Il fallut encore, pour triompher de l'opiniâtre avarice du colon, que le peuple révolté détruisît en maints endroits tout ce qui se rencontra sur son passage.

Qui pourrait s'en étonner ?. . Autrefois, les murs de Jéricho s'écroulèrent d'eux-mêmes au bruit des trompettes israélites sonnant la charge ! . .

Depuis, un peuple nouveau est né : issu d'une révolution, il vient pour ainsi dire du désert comme autrefois les Hébreux, partant il ne peut ressembler à ses aînées, les nations contemporaines. Mais comme un assemblage de pièces mal jointes, il est composé de gens naguère ennemis, de familles mal constituées sur un sol en partie ravagé.

En fait de hiérarchie et de discipline, ce peuple ne connut, à son début, que celles de l'atelier ou des champs de bataille sur lesquels il avait campé pendant quatorze ans. Le courage ou la fortune militaire distinguait entre eux les citoyens alors livrés à leurs seuls instincts.

Et, en fait de traditions, ce même peuple avait uniquement celles du régime qu'il venait d'abolir : dans le colon, il ne haïssait avant tout que l'oppresseur.

Mais l'administration coloniale avait été un régime d'exception, et son code rural une atrocité, car, sous cette administration, l'homme et son travail étaient la propriété du maître.

Ce fut là tout l'héritage, les seules coutumes laissées à nos pères pour se gouverner et se constituer en Etat.

Considéré comme nation, l'Haïtien était encore à former : la diversité d'origine, l'opposition des intérêts et la différence dans l'éducation créaient naturellement des obstacles à l'unification immédiate. En effet, il se trouvait en présence et récemment mêlés ensemble, différents types d'Africains : les uns avaient naguère été recueillis sur les côtes occidentales de l'Afrique, les autres sur les côtes orientales, et depuis, leur contact avec le blanc avait donné lieu à un métissage, formant ainsi un nouvel élément de population.

En outre, cet assemblage d'individus formait des groupes qui distinctement et successivement avaient opéré leurs mouvements d'émancipation sans s'être nullement concertés : dans le Nord, l'action commença le 22 Avril 1792, dans l'Ouest, le 26 du même mois.

Vincent Ogé fut le premier qui donna le signal de l'insurrection ; mais la déclaration catégorique qu'il fit à l'Assemblée du Cap ne laisse aucun doute sur son intention, à savoir que la liberté des esclaves, voire même l'indépendance de 'l'île, n'ont pas été le mobile qui le guidait. Il se contenta de réclamer en faveur des affranchis l'exercice des droits civils.

Tel est, sous son vrai jour, le tableau que présenta au

commencement de ce siècle, la troisième société (1) qui succéda à celle des planteurs de Saint-Domingue. Sortie comme un coup de foudre d'une vigoureuse poussée, elle parut ainsi tout armée aux regards étonnés du monde.

Quand on connait le tempérament de chacune des subdivisions de la race noire, et que l'on se rappelle les luttes précédemment entretenues entr'elles par la politique coloniale ou par des jalousies personnelles, on peut se faire une juste idée du sentiment qui les animait les unes et les autres. Combien sommes-nous donc éloignés des peuples saxons et normands qui, dès leur première conquête ou au début de leur colonisation, se constituèrent en communautés exclusives pour s'étendre graduellement en provinces, et arriver enfin à se former en État ; rien ne leur a manqué, ni l'organisation du travail, ni la loi morale, ni l'expérience nécessaire à l'exercice des droits naturels.

En Haïti, il est donc nécessaire que, par une suite de transformations progressives, on arrive à créer avec ce peuple une nationalité solide, homogène, capable de résister à tous les assauts et par conséquent digne de sa glorieuse origine. C'est une œuvre qu'il n'a été donné jusqu'ici à aucun gouvernement de réaliser. C'est pourquoi différente est la voie qui s'ouvre aujourd'hui à celui que le sort désigne pour cette auguste mission.

Comment s'y est-on pris dans le passé, ou plutôt comment aurait-on dû s'y prendre pour opérer ces transformations ?

Dessalines, Pétion, Christophe, s'entendaient-ils pour parachever l'œuvre commune ?

De quelle manière le peuple s'est-t-il approprié le sol et les domaines dont il avait chassé les premiers occupants et que lui-même il avait si longtemps fécondé de sa sueur ?

Enfin, la société haïtienne, dans sa constitution originelle, était-elle apte à un régime de *self-government* ?

Telles sont, à notre avis, les questions qu'il importe à l'historien de résoudre avec les rigueurs de la méthode.

(1) Troisième Société, par opposition à la Première composée des boucaniers et des flibustiers de la Tortue et la seconde, des colons français.

DE LA NATIONALITÉ HAITIENNE.

> « Quand certaines idées ne sont plus
> « généralement admises ; quand les in-
> « térêts divergent et se fractionnent ;
> « quand on ne s'entend plus sur le but
> « qu'on doit atteindre par un effort com-
> « mun, alors la nationalité s'affaisse, lan-
> « guit et meurt. »
>
> R, X.

La chute de l'Empire fit crouler le système d'union politique que Dessalines avait fondé et dont il avait été jusqu'au commencement de 1806 le plus fervent apôtre.—Aussitôt se rappelant leurs querelles, les vieux partis, ou plutôt les citoyens un moment coalisés pour la révolution, virent comme un abîme s'ouvrir devant eux. On se retrouvait en Haïti comme aux plus tristes jours du régime colonial : inévitable conséquence des guerres civiles. Et le gouffre reste encore béant à nos yeux. Maints systèmes, maintes théories, mis depuis en pratique, n'ont pu encore en amoindrir le danger. On s'y précipite au contraire avec une sorte d'affolement. Dieu seul, pour nous arrêter sur la pente fatale, nous inspirera les moyens de salut qui sont les principes rationnels dont l'application fait partout la force des peuples, quelqu'en soit le climat et l'origine.

L'Esprit qui autrefois a couvé le monde, qui l'a fait sortir du chaos, reconstituera un jour, il faut l'espérer, tous les débris épars de notre société qu'ont dispersés les vents de la discorde. — Alors dégagés des stériles préventions, tous ceux qui aujourd'hui luttent pour l'existence seront, comme au premier temps de notre histoire, enveloppés dans une pensée commune qui est *l'unité nationale*. Ce moment sera celui de notre résurrection sociale et une nouvelle phase de l'Indépendance haïtienne. Alors encore, le passé et l'avenir, ralliés au présent se donneront pour ainsi dire la main, et les ossements de nos pères, loin de repousser les nôtres, comme ils le disaient eux-mêmes, tressailleront plutôt de bonheur.

L'union fondée sur la couleur, par le libre choix de la nature, par calcul ou conseil de la raison, ne suffit pas pour consolider et déterminer la nationalité haïtienne ; il faut l'unité basée sur l'intérêt commun et la justice. C'est la thèse, ou pour mieux dire, la vérité scientifique que nous voulons démontrer dans ce présent chapitre.

Après Jean-Jacques Dessalines, par suite d'insidieuses complications, les généraux Henry Christophe, Alexandre Pétion et J. P. Boyer arrivèrent successivement et même presque ensemble au suprême pouvoir. De par leur origine politique différente, ils étaient dépositaires de traditions différentes, comme aussi ils différaient de tempérament et de caractère. Chacun d'eux avait donc sa façon de gouverner et de résoudre la question sociale et politique d'Haïti. Quant à la question de couleur, la plus irritante, la plus absurde des questions, les uns voulurent systématiquement et brusquement la trancher par l'épée, les autres crurent l'étouffer au moyen de subtilités ou de fictions constitutionnelles, établissant par une prépondérance effective l'équilibre des membres.

Aussi, ces hommes, dans leur œuvre administrative, n'ont point réussi à fonder mieux que Dessalines, l'unité nationale d'Haïti. Au contraire, leurs systèmes dans lesquels se trouvent combinés, à doses plus ou moins fortes, les moyens que nous venons d'énumérer, leurs systèmes qui sont encore de vastes champs d'observations pour le politicien, le philosophe et l'historien, n'ont laissé comme résultat que des préventions devenues plus irascibles, et par conséquent un désir de revendication toujours réalisable chez les uns et les autres, malheureux héritiers de ces anciens partis désignés sous la dénomination d'affranchis et d'émancipés.

Il en serait certes autrement, si les hommes qui tour à

tour sont arrivés au pouvoir depuis cette époque, loin de se laisser absorber exclusivement par cette politique intérieure, égoïste et mesquine, s'étaient appliqués à administrer et à organiser l'État, en suivant les meilleures traditions, de façon à créer l'aisance par le travail et l'économie, et à faire naître l'harmonie par l'esprit d'association basé sur la morale.

De nobles efforts ont, il est vrai, été tentés pour relever le pays des ruines qu'avait faites la guerre de l'Indépendance. Dans le Nord, le commerce et l'agriculture prospéraient ; des ateliers de métiers et des écoles s'organisaient ; enfin pendant onze ans, Christophe parvint à réaliser pour les masses une situation intermédiaire qui n'était ni le bien-être, ni la misère. (1) Mais par quels moyens ?... Sous ce régime, le paysan, non fermier, était tenu dans un état plus dur que le servage sous le régime féodal, car le serf de qui le seigneur exigeait un service qui n'était qu'une redevance, recevait la terre en retour et à titre permanent, tandis que sous Henry Christophe, il était quasi-esclave, n'ayant comme sous Dessalines, que le quart des revenus de son travail, valeur que le colon lui-même dépensait à peine pour l'entretien de l'esclave.

On doit toutefois admirer chez Henry Christophe l'esprit d'ordre et l'énergie morale ; ces grandes qualités, à cette époque reculée, l'ont entraîné à dépasser malheureusement la mesure et à être non pas exclusif mais excessif : la rigueur de son despotisme lui désaffectionna le peuple et l'armée.

____

(1) Christophe a laissé plusieurs millions dans les trésors de La-ferrière, et Boyer, à sa chute, un million ; c'était bien. Mais, suffit-il d'accumuler des espèces dans les trésors publics et de faire la fortune privée de quelques individus pour croire qu'on fait avancer un peuple ! Ce qu'il faut, c'est avant tout l'aisance qui, seule, conduit les citoyens à la liberté. Les décrets produisent l'anarchie et non la vraie liberté — Dans l'armée du Nord, à part la discipline outrée qui avait mécontenté les soldats, au point de les porter à la révolte, en avait adopté certains règlements qui, à notre point de vue, nous paraissent avoir été inopportuns.

Un excès d'ordre, comme on dit vulgairement, est un dé-sordre.

Christophe fut un vrai progressiste. Homme d'une vaste intelligence, dit Madiou, il était avec Pétion l'un des plus beaux officiers de son armée et un de ceux qui désapprouvèrent le massacre des colons.

« Cependant il avait su toujours conserver à l'égard des Français une attitude courageuse et pleine de dignité. »

Sa famille était régulièrement constituée, et de tous les chefs militaires de son temps, il fut le seul peut-être qui ne donnât pas le scandale d'une vie déréglée. Dans son Etat, le concubinage étant proscrit, le dérèglement des mœurs fut par conséquent comprimé. Son langage était élevé et ses manières aristocratiques. Voilà l'homme que nous trouvons dans Henry Christophe. Mais il était de ces esprits qui s'étonnent de rencontrer des ennemis et d'avoir, dans les affaires publiques, à souffrir la contradiction.

Lorsqu'il s'agit de faire tomber Dessalines, les conspirateurs, craignant l'insuccès, s'appuyèrent sur l'autorité du nom de Christophe. Ils avaient cependant, dit encore Madiou, l'arrière-pensée de l'abattre après le triomphe. En effet, la chute de Dessalines était à peine consommée, que Christophe se voyait tromper de la façon la plus déloyale (1). De là les colères, *inde iræ* ! On ne recula même pas devant la basse et ridicule manœuvre de corrompre les élections (2).

---

(1) « Nous ne vous cachons pas, digne Général en chef, que nous croyons que votre indignation soit au moins égale à la nôtre, et nous vous proclamons avec joie, et à l'unanimité le chef suprême de l'île sous quelque dénomination qu'il vous plaise de choisir ; tous les cœurs sont à vous ; nous jurons devant Dieu de vous être toujours fidèle, de mourir pour la liberté et pour vous. »

(Extrait de la lettre adressée à Christophe par le chef de l'armée révolutionnaire : — 13 Octobre 1806.)

Aucune autre pièce n'a pu établir la prétendue conspiration Geffrard et Christophe dont nos historiens ont affirmé l'existence. Pétion et Lamarre eux-mêmes qui ont pris part à la révolution, n'étaient que de chauds adhérents.

(2) B. Ardouin — Histoire d'Haïti.

Christophe eût pu néanmoins triompher facilement de l'hostilité qu'il rencontra ; mais son premier cri fut une expression de cruelle vengeance :

« Pétion, Bonnet, Boyer, les deux frères Blanchet, Daumec, Lys, Caneau, et quelques autres de leurs infâmes complices viennent de lever le masque ; ils ont mis au jour leurs projets : ils sont en pleine révolte contre l'autorité ; ils veulent établir une constitution qui mettra le pouvoir entre leurs mains, et livrera les finances et les places à leur disposition. Le général en chef vient de donner l'ordre de la marche pour soutenir vos droits et pour maintenir votre liberté que l'on veut vous ravir » . . . .

« *Les factieux ont levé l'étendard de la révolte : il est juste qu'ils payent de leur fortune leurs complots funestes. Le pillage de tous les lieux où les rebelles seront trouvés vous est abandonné sans restriction.* Marchez et la victoire va couronner la justice de notre cause. »

Dès lors, chacun se sentant menacé, et dans sa personne et dans ses biens, on eut donc pour devoir de résister jusqu'au dernier homme,

Dans la partie ouest de l'île; on essaya au début de la révolution, c'est-à-dire en cette même année 1806, de faire prévaloir l'esprit de l'antique République romaine. Un sénat quasi-aristocratique fut institué et se saisit de tous les pouvoirs de l'Etat. Deux ans plus tard, des terres furent distribuées aux soldats, et l'on prit enfin, en faveur des travailleurs, des mesures plus libérales que celles appliquées dans le Nord.

Le quart de subvention fut supprimé et l'on put ainsi, par l'adoption du système dit *de moitié* ou le métayage, assurer aux cultivateurs la moitié de leurs récoltes. (1).

Pétion fonda un lycée d'où sortirent la plupart des hom-

---

(1) C'est le système qui prévaut encore en Dominicanie: le propriétaire fournit l'argent nécessaire au travail de la terre et les semences, et perçoit la moitié du produit de la récolte.

mes qui, par leur éducation, ont fait le plus d'honneur au pays, et le 17 Juillet 1817, on institua un Conseil de Notables dans chaque ville de la République.

Mais, en général, un funeste laisser-aller, contre-partie du régime opposé, fit tout péricliter dans l'Ouest. Le désordre était dans la rue: on voyait des spadassins se battre par jactance comme en plein forum. L'opposition s'agitait au Sénat, enfin le schisme régnait dans le petit Etat.

Les généraux Elie Gérin, Yayou, Magloire, Ambroise, qui avaient activement contribué au succès de la révolution, devinrent, sous la République, de véritables pierres d'achoppement. Par suite de conflits que suscita leur situation ou à cause d'une opinion énergiquement soutenue au Sénat dont ils étaient membres, ces officiers généraux succombèrent tous successivement.

Position difficile dans un pays comme le nôtre, que d'être sénateur et en même temps chef d'un grand commandement, subordonné à l'autorité militaire ! Gérin avait été un sérieux candidat à la présidence, en qualité de chef de l'armée révolutionnaire. Ne pouvant se consoler de sa défaite après l'avénement de Pétion au pouvoir, il soutint depuis au Sénat le principe d'une décentralisation administrative.

Après la mort de ce brave général, surnommé à cause de son courage, *Gérin Côtes-de-Fer*, André Rigaud, sorti de France, rentra de nouveau dans le pays. Il fut cordialement accueilli par Pétion qui aussitôt le nomma commandant du Département du Sud dont il avait été le chef vénéré depuis 1791. Rigaud profita de cette situation et décréta la scission entre l'Ouest et le Sud, reprenant ainsi l'œuvre commencée par Gérin.

«Ayez un Sénat, si vous le voulez, dit-il ; mais que votre Sénat soit celui de l'Ouest. Ayez un Président, si vous voulez, mais que votre président soit celui de l'Ouest. Le département du Sud se régit par ses propres lois, par son conseil et par son général en chef.

La Répuplique, divisée par ce fait, ne se soutint plus que par l'accord entretenu en son sein au moyen de la haine contre Henry Christophe. Elle eut de plus à contenir les bandes de Goman qui en réalité, furent presque inoffensives.

Le Président Pétion régna malgré ces conflits pendant douze ans, de 1806 à 1818, époque de sa mort ; dans l'intervalle, la Constitution dut être plusieurs fois modifiée et le Sénat fut disloqué et dépouillé de sa toge romaine. De la présidence temporaire on était passé à la présidence à vie sans ministère, avec un privilége pareil à celui de Christophe, lequel était de nommer son successeur. Tout le Gouvernement donc se trouvait résumé dans un homme que Dessalines avait surnommé *Papa-bon-cœur*.

Tel fut le caractère des deux premiers gouvernements qui se partagèrent le pays après la mort de Dessalines.

La situation politique d'Haïti ne se modifia pas, même après la pacification et l'unification territoriale de l'île (de 1821 à 1843.), sous un seul chef, J. P. Boyer, devenu alors maître absolu des destinées de la nation.

Cependant, disons-le, la paix fut maintenue presque constamment durant les trois longs régimes qui absorbèrent trente sept années de notre existence nationale. Mais en réprimant sévèrement les conspirations qui troublaient le pays, il se commit de grands excès que l'historien a pour devoir de blâmer avec non moins de sévérité.

. . . .

. . . .

. . . .

Que signifient, en définitive, tous ces chassés-croisés de la politique haïtienne ? Ils ne révèlent qu'une chose : les intérêts compromis cherchant leur satisfaction.

Donc l'intérêt qui est comme on dit le mobile de l'action devient, en politique, l'un des principes de l'unité nationale.

Mais, au-dessus de l'intérêt matériel, il existe pour les

sociétés un intérêt supérieur, la justice, intérêt malheu-reusement incompris et que, en Haïti, on a toujours fait dévier au profit des personnes et au profit des partis. Il s'ensuit, dans les idées, dans les sentiments, une vérita-ble anarchie morale, un non-sens politique qui à un mo-ment donné devient un véritable danger. Tous, nous sen-tons cela, c'est tangible ; mais personne, paraît-il, ne son-ge à en délivrer le Pays.

Dessalines, nous l'avons vu, — soldat heureux devenu empe-reur—plus préoccupé de rfaie la guerre que d'aministrer le Pays, ne pouvait concevoir la pensée, ni sentir la nécessité d'at-tacher fortement la population au sol. Son système, au con-traire, consistait en ces quelques mots empreints d'une fa-rouche énergie : « Au premier coup du canon d'alarme, les villes disparaissent et la nation est debout ! » Sous lui, l'Haïtien, essentiellement soldat et agriculteur, manquait donc de stabilité. C'était logique. Aussi Dessalines, homme d'E-tat, loin de chercher à satisfaire les esprits en créant la solidarité d'interêts qu'il était facile de greffer sur la com-munauté de sentiments existant depuis la guerre pour l'In-dépendance, Dessalines s'est empressé de satisfaire plutôt les sens en travaillant au mélange des couleurs. Il faisait de la fusion sans portée, car on ne peut de la sorte accorder, con-cilier sérieusement des idées et des tendances, déjà par trop divergentes.

Enfin, cet administrateur inhabile s'égara de plus en plus en se livrant aux plaisirs : cela semblait naturel à son éducation.

Henry Christophe et Pétion, plus instruits que Dessa-lines, ayant pour l'art politique des aptitudes éminentes, se sont appliqués pendant leur règne, et avec la meilleure intention, le premier, à réaliser des résultats économi-ques immédiats en imposant des conditions plus dures que le servage ; le second, à faire prédominer l'esprit des lois à l'encontre des mœurs et de la tendance ambitieuse de ses rivaux.

Or, ni l'un ni l'autre de ces deux hommes ne pouvait obtenir, à part les résultats administratifs, un succès positif et durable sous le rapport social ou politique.

Toutefois, la violence du système appliqué dans le Nord devait préparer le triomphe du système plus doux inauguré dans l'Ouest et dans le Sud.

Jean-Pierre Boyer en profita et devint ainsi le plus omnipotent de tous les chefs d'Etat haïtiens. Pendant son règne |de 25 années, se sont évanouies toutes les difficultés que, avant et après lui, d'autres ont connues et éprouvées. Les forces de la République semblaient alors se concentrer dans la personne de son premier Magistrat : c'était la République autoritaire et sans vie. — Le Pays en mourait.

Louis XIV d'un nouveau genre, Boyer prépara lui-même sa chute et vit éclore la révolution faite au nom de libertés publiques ; mais, il faut en convenir, ces liberté n'avaient encore existé sous aucune forme en Haïti.

On sait ce qu'a produit dans notre pays cette crise politique : l'arbre est jugé par ses fruits.

. . . .

. . . .

. . . .

A Léogane vint s'évanouir la dernière espérance du Président Boyer, lorsque, après un suprême engagement, la fusion s'opéra entre les troupes de la garde et celles de la révolution.

C'était le 12 Mars, date à laquelle le vieux général Lazare, commandant l'aile droite de l'armée populaire, venait de faire, aux Cayes, jonction avec les troupes de Rivière Hérard.

A la nouvelle de la défection des siens, le Président Boyer s'empresse d'abdiquer le pouvoir, et le lendemain, 13 Mars, s'embarque pour l'Etranger.

La révolution avait triomphé. Déterminée par une impérieuse nécessité politico-sociale, et commencée sous les plus heureux auspices, elle n'allait malheureusement être,

toute proportion gardée, qu'une faible parodie de celle
accomplie en France dans l'année 1830 ; mais la France
était la nation riche de souvenirs et de meilleures traditions,
la France forte et toujours pleine d'elle-même.

En Haïti, au contraire, les hommes qui se sont emparés
de l'administration, à partir de 1843, n'apportaient aux affaires que des théories. D'observations historiques et locales
point ! Ils ne s'en souciaient nullement, se complaisant
plutôt dans la philosophie du droit. Moins sages que leurs
prédécesseurs et négligeant autant qu'eux les règles de la politique scientifique, ils s'élancèrent confiants dans l'inconnu
Ils promirent beaucoup : la liberté politique et toutes les
libertés ; la richesse et l'abondance. Mais de leur pompeux
programme, rien ne se réalisa, rien n'était en voie de se
réaliser. Aussi la révolution de 1843 ne tarda-t-elle pas à
faire regretter le règne de Jean-Pierre Boyer. Le nouveau
Gouvernement que, après huit mois de tâtonnements, elle
avait édifié s'écroula. Il avait suffi de quatre autres mois
d'une mauvaise administration pour que Charles Hérard aîné
lui-même suivit en exil le Président son prédécesseur.

Il est donc évident que les théories politiques, pour être
appliquées avec profit, ont besoin de s'appuyer sur des don-
nées certaines : une erreur qui fait dévier entraine à des
conséquences regrettables·

Quel avait été cependant le programme des révolutionnaires de 1843 ? Deux mots le renferment : un gouvernement civil et temporaire avec la Commune libre, le tout
basé sur le sens électoral. . . . .
. . . .
. . . .

Pour fonder un gouvernement républicain, démocrate et
libéral, pareil à celui que préconisaient les hommes de la
révolution, il ne suffit pas d'en photographier l'image en quelque
part ; à l'exemple du peintre ou du statuaire, on doit d'a-
bord en préciser les dimensions, en tracer les contours; puis
d'une main habile, faire sortir dans le bloc ou sur la toile

l'œuvre projetée. L'artiste qui broie les couleurs sait par des effets harmonieux d'ombre et de lumière donner la vie à la matière. On ne comprit point qu'il fallait ainsi procéder, après la chute de la République césarienne de Boyer.

Les associations, les assemblées populaires, intermédiaires nécessaires entre le pouvoir et le peuple, les associations, les assemblées primaires où se condense et se forme l'esprit public, — qui se réflète ensuite dans le parlement, — n'exis-tent jussqu'à présent nulle part en Haïti : or elles n'étaient pas, en 1843, en état de se former.

Et quels sont aujoud'hui encore les intérêts à défendre, les droits à réclamer, la justice à rétablir ? Sphinx que tout cela pour les révolutionnaires de cette époque ! Or, la révo-lution, qui se connaissait si peu elle-même, était un pré-sent funeste fait au Pays par J. O. Boyer, car comme du fabuleux cheval de bois, il en sortit l'ennemi de notre nationalité, c'est-à-dire l'anarchie. La partie de l'Est, en ef-fet, se détacha aussitôt de la République haïtienne, et l'Etat depuis s'amoindrit, se disloque et se ruine. Tel est le bilan de la révolution dite de 1843.

Tout cela s'explique; mais pour qu'on puisse s'en faire une idée bien plus exacte, il ne sera pas inutile de descendre dans quelques détails.

Résumons-les en peu de mots :

Dans la réforme nouvelle introduite en 1843 dans la poli-tique d'Haïti, si, à propos de démocratie, on entendait la nécessité de réserver l'administration des affaires politiques aux hommes instruits, réputés les plus capables, comme c'en est le principe, on serait amené logiquement, vu le peu d'a-vancement de l'élément populaire de cette époque, à instituer deux castes dans la nation, deux castes avec un gouverne-ment aristocratique, évoluant d'un système de décentralisa-tion administrative vers un système de féodalité bourgeoise. C'eut été la dualité constitutionnellement établie entre deux classes ou deux familles de même origine, qu'un accident de deau seul a jusqu'ici différenciées. Monstrueux cela !

A la vérité, après 39 années environ d'indépendance, Haïti n'était ni mûre, ni organisée pour accueillir favorablement cette réforme aux apparences libérales.

De tout ce qui précède, nous pouvons donc, conclure que le résultat de la politique haïtienne a été nul dans le passé tant au point de vue social que politique. En effet, rien d'essentiel n'y avait été fondé. Les terres distribuées en partie sous Pétion, à· la fin du règne de Christophe et au commencement du règne de Boyer, n'ont point servi à améliorer notre état. — Au contraire la population qui n'est point implantée d'une manière sérieuse, voit le foyer et l'atelier rural à la merci de tous ceux qui veulent les avoir et peuvent les payer, et cela au moment même de la décadence de l'industrie agricole et du commerce. Aussi tout notre rouage administratif s'en ressent-il.

On comprend dès lors l'impossibilité matérielle qui résulte de cet état de choses pour celui qui veut introduire dans nos campagnes un système d'éducation convenable. Le paysan haïtien, sous un tel régime, est resté dans les ténèbres jusqu'au jour où le gouvernement du Président Geffrard fit pénétrer dans ce milieu social un premier, mais mince rayon de lumières intellectuelles.

L'institution des écoles rurales doit au gouvernement du 22 Décembre son origine en Haïti. C'est une fort bonne et belle chose ; mais, pour produire d'heureux effets, elle a besoin d'être appuyée sur les principes de respect et sur la garantie de la propriété, sur la famille régulièrement constituée, sur le développement de la richesse publique, et au-dessus de tout, dominant tout, comme couronnement de l'édifice social, sur l'enseignement religieux sérieusement inculqué.

Cet enseignement, on se le rappelle, avait été, jusqu'en 1860, époque de la signature du Concordat avec le Saint-Siége, confié à un clergé irrégulier, recruté par la fantaisie et dont les mœurs compromettaient la Religion et nuisaient à l'influence de sa morale.

Avec un plan ainsi conçu, une transformation meilleure s'obtiendra progressivement avant un siècle, comme cela s'est vu en Angleterre et en Allemagne, où les premiers habitants comme partout, d'ailleurs, avaient été barbares. Tel est le chemin à suivre et non pas celui où l'on voit l'homme politique se poster dans un carrefour, les bras étendus comme un poteau indicateur, et crier aux gens affolés : « Il faut l'instruction publique, l'instruction publique gratuite et obligatoire » !

Jusqu'à ce que cette réforme s'accomplisse, nul ne peut affirmer que le peuple haïtien où la famille se déforme, se désorganise et dont les classes élevées, les citoyens instruits ne s'entendent pas eux-mêmes sur le but à atteindre, nul ne peut affirmer que le peuple haïtien constitue déjà une solide nationalité.

Comme démocratie ou Etat propre au régime de *self-government*, Haïti est encore moins avancée que l'Allemagne, la nation armée, l'Allemagne, la plus aristocratique, la plus monarchique des peuples civilisés après la Russie.

Les masses haïtiennes, qui forment les trois quarts au moins de la population sont, en effet, loin de ressembler à celles du peuple germain, façonnées à l'administration de leurs affaires rurales ou communales; les premières ont toujours été négligées et vivent comme des ilotes dans un pays soi-disans de liberté ; obéissant au moindre signe d'un chef de section, elles restent étrangères ou indifférentes aux Assemblées publiques, ces premières représentations populaires. Elles n'ont encore d'aspirations que pour la musique et la danse, seult horizons où se borne sa pensée depuis la Colonie et où les ont maintenues systématiquement jusqu'ici les Gouvernements félons.

Poser la question, c'est en même temps la résoudre d'une façon radicale, nette et précise, si l'on se rappelle nos déceptions depuis 1843.

Les Haïtiens, qui entendent sincèrement fonder leur nationalité sur des principes d'une vraie démocratie, doivent commencer par se donner les mœurs de la liberté et se garder des scandales par lesquels se révèlent les mauvais gouvernements. En distribuant la justice dans toutes les couches sociales, ils auront bientôt fondé leur unité nationale, avancé eux-mêmes à pas de géant dans la civilisation et, finalement la gratuité des charges, — en bien des fonctions, — remplacerait dans ce pays un fonctionnarisme absorbant.

Loin de cet idéal, on ne peut recourir qu'aux expédients, faisant ainsi de l'opportunisme à outrance. Voilà pourquoi, depuis 85 ans d'indépendance et malgré les plus nobles efforts, nous n'avons pu rien encore organiser. La solution que nos hommes d'Etat ont cherchée dans la lettre d'une constitution ou dans la conclusion brutale, logique, d'un jour de bataille, c'est à la science politique qu'il était réservé de la démontrer.

De 1843 à 1879, Haïti compte trois révolutions ou grands bouleversements politiques : celle qui renversa Faustin Soulouque du pouvoir ; celle qui eut pour résultat l'exécution de Salnave et celle du 30 Juin 1879. Toutes ces révolutions, et les prises d'armes auxquelles elles ont donné lieu, n'ont été que la résultante de nos folies, de nos haines et de nos colères. Leur enchainement s'explique dans notre principal ouvrage. (*)

Nous avons beau nous remuer pour une forme de gouvernement ou pour une autre, il est évident que, de 1804 à ce jour, nous n'avons réussi à établir qu'une Dictature plus ou moins parlementaire, décorée tantôt du titre de Monarchie et tantôt de celui de République. La forme importe peu, c'est le fond que, en cela, il faut considérer.

Relativement à la propriété, nous sommes encore à l'école de Brissot, le constitutionnel qui, avant la Révolution française, a formulé, une doctrine en ces termes : « *Tous les corps vivants ont le droit de se détruire les uns les autres pour se conserver.* »

____

(*) La Politique Haïtienne.

On comprend donc pourquoi les familles se ruinent, se démolissent en Haïti, par l'aliénation de leur foyer, et comment de conséquence en conséquence, on est arrivé à l'aide d'une pareille doctrine à justifier *l'anthropophagie* et ces perpétuelles guerres civiles si funestes à l'humanité, puisque pour sa conservation, chaque corps ou parti politique éprouve une volupté extrême à détruire le parti qui lui est opposé, et que chaque propriétaire veut absorber le domaine de son voisin.

Que révèle ce déplorable état de choses ?

Une désorganisation sociale qui rend obligatoire la politique de clan que nous suivions si aveuglément, politique de ruse et d'audace.

C'est en ce moment que des esprits aventureux, dédaignant l'observation rigoureuse des faits, osent parler de *politique expérimentale*, ce qui signifierait que la règle en matière de gouvernement serait de varier simplement les expériences, et de les répéter au hasard. Quel péril pour un pays de tomber en de telles mains !!!

La science politique a une forme, au contraire, plus mathématique. Sa méthode consiste à partir d'un fait reconnu vrai, pour démontrer une vérité à l'aide d'autres faits ou idées intermédiaires.

Ainsi, quand on dit : *Les sociétés à familles-souches* constituent seules les nationalités unies, stables, libres, heureuses et puissantes, on embrasse du coup ou plutôt on déduit dans sa pensée tous les phénomènes sociaux, administratifs, économiques, internationaux et moraux dont la combinaison est absolument nécessaire à former cette solide unité sociale. Il y a là, en effet, comme un vrai problème de mathématique.

Tandis que si, *per fas et nefas*, on fait de la politique expérimentale comme on l'entend, c'est-à-dire en voulant découvrir les lois sociales par induction, et remonter des effets aux causes, il y a sûrement risque de s'égarer, — car on ne peut saisir dans leurs rapports immédiats tout l'ensemble des faits.

Par exemple, si nous recherchons, d'après les indications de la raison, ce qui peut constituer une solide nationalité, il est à parier que sur dix mille individus aussi instruits les uns que les autres, cinq n'arriveront pas à cette même et simple conclusion qui est *la famille-souche*.

En accumulant même les phénomènes que nous venons d'énumérer plus haut, sans en omettre un seul, il est encore difficile d'arriver unanimement à trouver la définition donnée, et c'est là pourtant la seule vérité cherchée et recherchée jusqu'ici en science sociale.

Donc, concluons en affirmant que la *politique expérimentale*, si tant est qu'elle puisse s'appeler ainsi, ne saurait être une politique d'action ou de résultats positifs. Elle est tout simplement un moyen de contrôle par le libre examen et la libre discussion ; c'est, en un mot, la philosophie politique et non la science politique. A ce point de vue, si l'on tient compte des notions premières qui doivent éclairer : et des indications de la vraie méthode d'observation, la politique expérimentale devient nécessaire pour défendre contre l'abus du pouvoir, la justice et les intérêts sociaux. C'est là, toute, sa raison d'être et ce qui constitue le propre régime parlementaire ou le régime libéral, mêlant ainsi l'esprit nouveau à l'esprit de conservation.

Mais autrement la politique expérimentale, mise en pratique, comme moyen de gouvernement, est plutôt une cause de retard que d'avancement, par rapport aux contradictions naturelles qu'elle soulève, aux folies qu'elle engendre et à l'anarchie qu'elle déchaîne. Nous avons, pour exemple, le gouvernement de A. Pétion, celui qui fut non le plus patriote mais le plus sage de tous nos chefs d'Etat,

Que dans un pays si mal organisé socialement, il se manifeste des tendances libérales, cela se conçoit, car les intelligences, en se développant, intérogent tout ce qui les affecte et qui provoque leur jugement. Et il se trouvera toujours des âmes généreuses, dévouées aux intérêts publics, partout où la défense des droits de l'homme dans homme opprimé sera considérée comme une noble mission. Ceux-là, nous l'avons dit ailleurs, forment une élite: ils sont *des gentlemen* comme on les nomme dans la fière Albion.

Mais qu'ils veuillent, ces hommes, se former en parti exclusif, avec tendance à la centralisation, à la désorganition, c'est non-seulement donner dans un non-sens politique, mais agir à contre-sens, car le peuple qui danse et qui fume sa pipe au coin des carrefours, et à qui il n'a été encore enseigné aucune idée juste des choses qui l'intéressent, ce peuple a les colères d'un enfant, la violence d'un orage ; il n'écoute que ceux qui savent parler à son instinct, et tôt ou tard fait sentir le poids de sa main dès que la passion ou un intérêt immédiat le pousse.

Et quel désarroi, lorsque, à cette population de rudes et intéressants travailleurs, vient se mêler un élément de corruption, gens de toutes couleurs, vagabonds de métier, déclassés ou fruits secs de l'école, se réclamant eux aussi du peuple et se faisant un drapeau des loques de la misère publique*!!!* N'en croyez rien ; cette mascarade est faite plutôt pour dominer, asservir le peuple et s'en faire une sorte d'épouvantail.

Le peuple haïtien est sur une pente fatale ; un souffle mystérieux, implacable, pareil à celui qu'a décrit le Dante, entraîne, pousse les générations vers un gouffre : jeunes et vieux, bons et méchants, ignorants et savants s'y précipitent. C'est comme un vent de contradiction qui depuis Dessalines règne sur l'île entière. — Si Dieu n'arrête pas ses habitants dans cette course échevelée, inconsciente, la nationalité périra en s'abimant d'un coup.

PORT-AU-PRINCE

1888